SORBET: UPPFRISKANDE RECEPT PÅ FRYSTA GLÄDJER

Skäm bort dig med 100 coola och utsökta smaker av hemgjorda sorbet

William Eliasson

upphovsrätt Material ©2024

Allt Rättigheter Reserverad

Nej del av detta bok Maj vara Begagnade eller överförs i några form eller förbi några betyder utan de rätt skriven samtycke av de utgivare och upphovsrätt ägare, bortsett från för kort citat Begagnade i a recension. Detta bok skall inte vara anses vara a ersättning för medicinsk, Rättslig, eller Övrig professionell råd.

INNEHÅLLSFÖRTECKNING

INNEHÅLLSFÖRTECKNING...3
INTRODUKTION..7
BÄRSORBETER...8
1. Jordgubbssorbet med Oreo -kakor..............................9
2. Röd hallonsorbet...11
3. Blandad bärsorbet...13
4. Jordgubbs- och kamomillsorbet.................................15
5. Jordgubbs-, ananas- och apelsinsorbet....................17
6. Banan-jordgubbssorbet...19
7. Hallonsorbet...21
8. Tristar jordgubbssorbet..23
EXOTISKA SORBETER..25
9. Sorbete de Jamaica...26
10. Passionsfruktsorbet..28
11. Kiwi sorbet..30
12. Kvittenssorbet..32
13. Guava sorbet...34
14. Granatäpple ingefära sorbet.......................................36
15. Tropisk fruktsorbet..38
16. Açaí Sorbet..40
17. Tropiska Margarita Sorbet..42
18. Lychee Rose Sorbet..44
19. Papaya Lime Sorbet...46
20. Guava passionsfruktsorbet...48
FRUKT SORBETER..50
21. Stenfruktsorbet..51
22. Lady of the Lake...53
23. Avokadosorbet...55
24. Mangosorbet...57
25. Kryddig tamarindgodissorbet....................................59
26. Tranbärsäppelsorbet _...62

27. Vattenmelon sorbet..64
28. Kaktuspaddelsorbet med ananas och lime....................66
29. Avokado-passionsfruktsorbet...................................68
30. Soursop sorbet..70
31. Färsk ananassorbet..72
32. Sorbet av vit persika..74
33. Päronsorbet...76
34. Concord druvsorbet...78
35. Deviled Mango Sorbet..80
36. Aprikossorbet..82
37. Bing körsbärssorbet..84
38. Cantaloupe sorbet...86
39. Körsbärssorbet..88
40. Tranbärsjuicesorbet..90
41. Honungsdaggssorbet...92
42. Marcel Desaulniers banansorbet..............................94
43. Persika, aprikos eller päronsorbet...........................96
44. Sorbet de Poire..98
45. Sockerfri äppelsorbet..100
CITRUS SORBETER..102
46. Grapefruktsorbet..103
47. Yuzu Citrus Sorbet...105
48. Oaxacan limesorbet..107
49. Uppfriskande limesorbet.....................................109
50. Citronsorbet..111
51. Grapefrukt och Gin Sorbet..................................113
52. Melon- och limesorbet..115
53. Citron- och chutneysorbet..................................117
54. Rosa lemonad och oreosorbet.............................119
55. Rubin grapefruktsorbet......................................121
56. Mandarin orange sorbet.....................................123
57. Krämig kärnmjölk-citronsorbet...........................125
58. Citruspepparsorbet..127
59. Kokos Lime Sorbet..129
60. Lime sorbet..131

61. Honungs citronsorbet..133
Ört- & BLOMMSORBETER..135
62. Moringa & blåbärssorbet...136
63. Äppel- och myntasorbet..138
64. Konstant kommentar Sorbet....................................140
65. Korianderinfunderad avokadolimesorbet..................142
66. Grönt te sorbet..144
67. Earl Grey te Sorbet..146
68. Jasmin te sorbet..148
69. Ananas-ört sorbet..150
70. Lavendel sorbet...152
71. Rose Sorbet...154
72. Hibiskus sorbet..156
73. Flädersorbet..158
NÖTSORBETER...160
74. Almond S orbet..161
75. Sorbet med riskakor och röda bönpasta..................163
76. Pistaschsorbet...165
77. Hasselnötschokladsorbet..167
78. Cashew Kokossorbet..169
79. Valnötslönnsorbet..171
ALKOHOLSORBETER...173
80. Bellini Sorbet...174
81. Jordgubbs-champagnesorbet..................................176
82. Applejack Sorbet en Casis......................................178
83. Hibiscus-Sangria sorbet...180
84. Champagne cocktailsorbet.....................................183
85. Sorbeternas regnbåge..185
86. Lime Daiquiri Sorbet..187
87. Calvados sorbet...189
GRÖNSAKSSORBET..191
88. Betor Borsjtj sorbet...192
89. Tomat- och basilikasorbet......................................194
90. Gurka-Lime Sorbet Med Serrano Chile....................196
91. Red Bean Paste Sorbet..198

92. Majs- och kakaosorbet...200
93. Gurka Mint Sorbet...202
94. Rostad röd paprikasorbet..204
95. Betor och apelsinsorbet..206
SOPPASORBETER..208
96. Gazpacho sorbet...209
97. Kycklingsoppa och dillsorbet......................................211
98. Morot ingefära sorbet...213
99. Svamp Consommé Sorbet..215
100. Vattenmelon Gurka Sorbet.......................................217
SLUTSATS..219

INTRODUKTION

Välkommen till "Sorbet: UPPFRISKANDE RECEPT PÅ FRYSTA GLÄDJER." I den här kokboken bjuder vi in dig på en resa av livfulla och lockande smaker som tar dig till en värld av iskall överseende. Sorbets, med sina läckra fruktprofiler, krämiga texturer och uppfriskande egenskaper, är den perfekta njutningen för varma sommardagar eller när du är sugen på en härlig frusen dessert. Oavsett om du är en erfaren sorbetentusiast eller en nybörjare i världen av hemlagade frysta godsaker, kommer den här kokboken att ge dig en samling lätta att följa recept som kommer att lyfta dina färdigheter i sorbettillverkning och introducera dig till spännande smakkombinationer. Gör dig redo att omfamna naturens sötma och ge dig ut på ett coolt och läckert äventyr med våra aptitretande sorbetrecept.

BÄRSORBETER

1. Jordgubbssorbet med Oreo-kakor

INGREDIENSER:

- 2 burkar Jordgubbar i sirap
- 2 tsk färsk citronsaft
- 1 tsk vanilj essens
- 3 koppar färska jordgubbar i fjärdedelar
- 2 tsk socker
- 2 msk balsamvinäger
- 4 oreos, smulad

INSTRUKTIONER:

a) Lägg de konserverade jordgubbarna, citronsaften och vaniljessensen i en mixer eller matberedare och mixa tills de är slät, cirka 1 minut.
b) Överför blandningen till en glassmaskin.
c) Bearbeta enligt tillverkarens anvisningar.
d) Lägg de färska jordgubbarna i en medelstor skål.
e) Strö över socker och blanda dem ordentligt.
f) Tillsätt balsamvinägern och rör om försiktigt. Låt stå i 15 minuter, rör om då och då.
g) Ös jordgubbssorbeten i skålar. Fördela jordgubbar över sorbet.
h) Sked saften som samlats i skålen över jordgubbarna och strö sedan Oreos över jordgubbarna och servera.

2. Röd hallonsorbet

INGREDIENSER:
- 5 pints hallon
- 1⅓ koppar socker
- 1 kopp majssirap
- ½ kopp vodka

INSTRUKTIONER:
a) Prep Purea hallonen i en matberedare tills de är jämna. Tryck genom en sil för att ta bort fröna.
b) Koka Kombinera hallonpuré, socker och majssirap i en 4-liters kastrull och låt koka upp på medelhög värme, rör om för att lösa upp sockret. Ta bort från värmen, överför till en medelstor skål och låt svalna.
c) Kyla Ställ sorbetbasen i kylen och kyl i minst 2 timmar.
d) Frys Ta bort sorbetbasen från kylen och tillsätt vodkan. Ta bort den frysta burken från frysen, sätt ihop din glassmaskin och slå på den. Häll sorbetbasen i burken och snurra bara tills den är konsistensen av mycket mjukt vispad grädde.
e) Packa sorbeten i en förvaringsbehållare. Tryck ett ark pergament direkt mot ytan och förslut det med ett lufttätt lock.
f) Frys in i den kallaste delen av frysen tills den är fast, minst 4 timmar.

3. Blandad bärsorbet

INGREDIENSER:

- 3 dl blandade bär
- 1 kopp socker
- 2 koppar vatten
- Saft av 1 lime
- ½ tsk kosher salt

INSTRUKTIONER:

a) I en skål, blanda ihop alla bär och sockret. Låt bären macerera i rumstemperatur i 1 timme tills de släpper saften.

b) Överför bären och deras juice till en mixer eller matberedare och tillsätt vatten, limejuice och salt. Pulsera tills det är väl blandat. Överför till en behållare, täck över och kyl tills den är kall, minst 2 timmar, eller upp till över natten.

c) Frys in och kärna i en glassmaskin enligt tillverkarens anvisningar. För en mjuk konsistens, servera sorbeten direkt; För en fastare konsistens, överför den till en behållare, täck över den och låt den stelna i frysen i 2 till 3 timmar.

4. Jordgubbs- och kamomillsorbet

INGREDIENSER:
- $\frac{3}{4}$ kopp vatten
- $\frac{1}{2}$ kopp honung
- 2 matskedar Kamomill te knoppar
- 15 stora jordgubbar, frysta
- $\frac{1}{2}$ tsk mald kardemumma
- 2 tsk Färska myntablad

INSTRUKTIONER:
a) Koka upp vattnet och tillsätt honung, kardemumma och kamomill.
b) Ta bort från värmen efter 5 minuter och kyl tills den är väldigt kall.
c) Lägg frysta jordgubbar i en matberedare och hacka dem fint.
d) Tillsätt den kylda sirapen och mixa tills den är väldigt slät.
e) Skeda ur och spara i en behållare i frysen. Servera med myntablad.

5. Jordgubbs-, ananas- och apelsinsorbet

INGREDIENSER:
- $1\frac{1}{4}$ pund jordgubbar, skalade och i fjärdedelar
- 1 kopp socker
- 1 kopp tärnad ananas
- $\frac{1}{2}$ dl färskpressad apelsinjuice
- Saften av 1 liten lime
- $\frac{1}{2}$ tsk kosher salt

INSTRUKTIONER:
a) I en skål, blanda ihop jordgubbar och socker.
b) Låt bären macerera i rumstemperatur tills de släpper saften, cirka 30 minuter.
c) I en mixer eller matberedare, kombinera jordgubbarna och deras juice med ananas, apelsinjuice, limejuice och salt. Puré tills den är slät.
d) Häll blandningen i en skål (om du föredrar en perfekt slät sorbet, häll blandningen genom en finmaskig sil över skålen), täck över och ställ i kylen tills den är kall, minst 2 timmar eller upp till över natten.
e) Frys in och kärna i en glassmaskin enligt tillverkarens anvisningar.
f) För en mjuk konsistens, servera sorbeten direkt; För en fastare konsistens, överför den till en behållare, täck över den och låt den stelna i frysen i 2 till 3 timmar.

6. Banan-jordgubbssorbet

INGREDIENSER:
- 2 mogna bananer
- 2 msk citronsaft
- 1½ koppar frysta (osötade) jordgubbar.
- ½ dl äppeljuice

INSTRUKTIONER:
a) Skär bananerna i kvarts tum skivor, täck dem med citronsaft, lägg dem på en plåt och frys in dem.
b) När bananerna är frysta, puré dem med de återstående ingredienserna i den apparat du väljer.
c) Servera omedelbart i kylda koppar. Rester fryser inte bra, men de är en fin smaksättning för hemgjord yoghurt.

7. Hallonsorbet

INGREDIENSER:

- 4 uns strösocker
- 1 pund färska hallon, tinade om de är frysta
- 1 citron

INSTRUKTIONER:

a) Häll sockret i en kastrull och tillsätt 150 ml/$\frac{1}{4}$ pint vatten. Värm försiktigt under omrörning tills sockret har lösts upp. Öka värmen och koka snabbt i cirka 5 minuter tills blandningen ser sirapslik ut.
b) Ta av från värmen och låt svalna.
c) Lägg under tiden hallonen i en matberedare eller mixer och puré tills de är slät. Passera blandningen genom en icke-metallisk sil för att ta bort fröna.
d) Pressa saften från citronen.
e) Häll sirapen i en stor kanna och rör ner hallonpurén och citronsaften.
f) Täck över och ställ i kylen i cirka 30 minuter eller tills den är väl kyld.
g) Häll blandningen i glassmaskinen och frys in enligt anvisningarna.

8. Tristar jordgubbssorbet

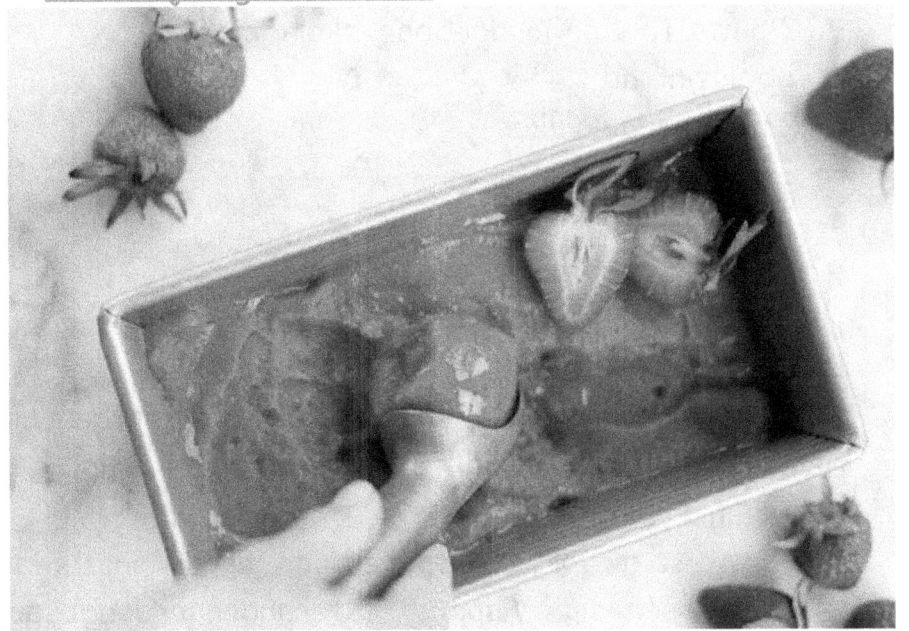

INGREDIENSER:
- 2 pints Tristar jordgubbar, skalade
- 1 gelatinblad
- 2 matskedar glukos
- 2 matskedar socker
- $\frac{1}{8}$ tesked koshersalt
- $\frac{1}{8}$ tesked citronsyra

INSTRUKTIONER:
a) Mosa jordgubbarna i en mixer. Sila purén genom en finmaskig sil ner i en skål för att sila ur kärnorna.
b) Blomma gelatinet.
c) Värm lite av jordgubbspurén och vispa i gelatinet så att det löser sig. Vispa i resterande jordgubbspuré, glukos, socker, salt och citronsyra tills allt är helt upplöst och införlivat.
d) Häll blandningen i din glassmaskin och frys in enligt tillverkarens anvisningar. Sorbeten snurras bäst precis innan servering eller användning, men den håller sig i en lufttät behållare i frysen i upp till 2 veckor.

EXOTISKA SORBETER

9. Sorbete de Jamaica

INGREDIENSER:

- 2½ koppar torkade Jamaicablad
- 1 liter vatten
- ½ uns färsk ingefära, finhackad 1 dl socker
- 1 msk färskpressad limejuice
- 2 matskedar limoncello

INSTRUKTIONER:

a) Gör teet. Lägg Jamaicabladen i en kastrull eller skål, låt vattnet koka upp och häll det över bladen. Täck över och låt dra i 15 minuter. Sila av teet och kassera Jamaicabladen.
b) Gör sorbetbasen. Lägg ingefäran i en mixer, tillsätt 1 kopp av teet och mixa tills det är helt puré, 1-2 minuter. Tillsätt ytterligare 1-½ koppar te och blanda igen.
c) Häll sorbetbasen i en kastrull, tillsätt sockret och koka upp under omrörning för att lösa upp sockret. Ta grytan från värmen så fort sorbetbotten kokar upp. Rör ner limesaften och svalna. Kyl basen tills den når 60°F.
d) Frys in sorbeten. Lägg limoncellon till den kylda basen och häll den i en glassmaskin. Frys in enligt tillverkarens anvisningar tills den är frusen men fortfarande slaskig, 20-30 minuter.

10. Passionsfruktsorbet

INGREDIENSER:

- 1 tsk pulveriserat gelatin
- 2 citroner
- 9 uns strösocker
- 8 passionsfrukter

INSTRUKTIONER:

a) Mät upp 2 matskedar vatten i en liten skål eller kopp, strö gelatinet över och låt stå i 5 minuter. Pressa saften från citronerna.
b) Häll sockret i en kastrull och tillsätt 300 ml/½ pint vatten. Värm försiktigt under omrörning tills sockret har lösts upp. Öka värmen och koka snabbt i cirka 5 minuter tills blandningen ser sirapslik ut.
c) Ta av från värmen, tillsätt citronsaften och rör sedan ner gelatinet tills det har löst sig.
d) Halvera passionsfrukterna och, med en liten sked, gröp ur fröna och fruktköttet i sirapen. Låt svalna.
e) Täck över och ställ i kylen i minst 30 minuter eller tills den är väl kyld.
f) Passera den kylda sirapen genom en icke-metallisk sil för att ta bort fröna.
g) Häll blandningen i glassmaskinen och frys in enligt anvisningarna.
h) Överför till en lämplig behållare och frys tills det behövs.

11. Kiwi sorbet

INGREDIENSER:
- 8 kiwifrukter
- 1⅓ koppar enkel sirap
- 4 tsk färsk citronsaft

INSTRUKTIONER:
a) Skala kiwierna. Puré i en matberedare. Du bör ha ca 2 koppar puré.
b) Rör ner den enkla sirapen och citronsaften.
c) Häll blandningen i glassmaskinens skål och frys in. Följ tillverkarens bruksanvisning.

12. Kvittenssorbet

INGREDIENSER:
- 1½ pund mogna kvitten (ca 4 små till medelstora)
- 6 dl vatten
- 1 (3-tums) bit mexikansk kanel
- ¾ kopp socker
- Saften av ½ citron
- Nypa koshersalt

INSTRUKTIONER:
a) Skala, fjärdedelar och kärna ur kvittena.
b) Lägg bitarna i en kastrull och tillsätt vatten, kanel och socker.
c) Koka, utan lock, på medelvärme, rör om då och då, tills kvitten är mycket mör, cirka 30 minuter, se till att blandningen alltid kokar och aldrig kokar.
d) Ta bort från värmen, täck över och låt svalna i 2 till 3 timmar; färgen blir mörkare under denna tid.
e) Ta bort och släng kanelen. Överför kvittenblandningen till en mixer, tillsätt citronsaft och salt och puré tills den är slät.
f) Häll blandningen genom en finmaskig sil över en skål. Täck över och kyl tills den är kall, minst 2 timmar, eller upp till över natten.
g) Frys in och kärna i en glassmaskin enligt tillverkarens anvisningar.
h) För en mjuk konsistens, servera sorbeten direkt; för en fastare konsistens, överför den till en behållare, täck över den och låt den stelna i frysen i 2 till 3 timmar

13. Guava sorbet

INGREDIENSER:
- 1 gelatinblad
- 325 g guava nektar [$1\frac{1}{4}$ koppar]
- 100 g glukos [$\frac{1}{4}$ kopp]
- 0,25 g limejuice [$\frac{1}{8}$ tesked]
- 1 g kosher salt [$\frac{1}{4}$ tesked]

INSTRUKTIONER:
a) Blomma gelatinet.
b) Värm lite av guava-nektarn och vispa i gelatinet så att det löser sig. Vispa i resterande guavanektar, glukos, limejuice och salt tills allt är helt upplöst och införlivat.
c) Häll blandningen i din glassmaskin och frys in enligt tillverkarens anvisningar. Sorbeten snurras bäst precis innan servering eller användning, men den håller sig i en lufttät behållare i frysen i upp till 2 veckor.

14. Granatäpple ingefära sorbet

INGREDIENSER:
- 1 kopp strösocker
- ½ kopp vatten
- 1 msk grovhackad färsk ingefära
- 2 koppar 100% granatäpplejuice
- ¼ kopp St. Germain likör valfritt

GARNERING:
- färska granatäpple arils valfritt

INSTRUKTIONER:

a) Blanda socker, vatten och ingefära i en liten kastrull. Koka upp, minska värmen och låt sjuda, vispa då och då tills sockret har lösts upp helt. Överför till en behållare, täck över och låt svalna helt i kylen. Detta tar minst 20 till 30 minuter eller längre.

b) När den enkla sirapen har svalnat, sila sirapen genom en finmaskig sil över en stor mixerskål. Kasta ingefärabitarna. Tillsätt granatäpplejuicen och St. Germain-likören i skålen med sirapen. Vispa ihop väl.

c) Kärna blandningen i en glassmaskin enligt tillverkarens instruktioner. Sorbeten är klar när den liknar konsistensen av en tjock slushy.

d) Överför sorbeten till en lufttät behållare, täck ytan med plastfolie och frys i ytterligare 4 till 6 timmar, eller helst över natten. Servera och garnera med färska granatäpple.

15. Tropisk fruktsorbet

INGREDIENSER:

- 8 uns hackad blandad frukt, såsom mango, papaya och ananas
- 5½ uns strösocker
- 1 msk limejuice

INSTRUKTIONER:

a) Häll frukten i en matberedare eller mixer. Tillsätt socker, limejuice och 7 uns vatten. Puré tills den är slät.
b) Överför till en kanna, täck över och ställ i kylen i cirka 30 minuter eller tills den är väl kyld.
c) Häll blandningen i glassmaskinen och frys in enligt anvisningarna.
d) Överför till en lämplig behållare och frys tills det behövs.

16. Açaí Sorbet

INGREDIENSER:

- 2 koppar färska blåbär
- en lime
- 14 uns fryst ren osötad Açaí-bärpuré
- ½ kopp socker
- ⅔ kopp vatten

INSTRUKTIONER:

a) Sätt på spisen på medium och låt vattnet koka upp i en liten kastrull. När det kokar, häll i sockret och rör om så att det löser sig helt.

b) När sockret har löst sig tar du kastrullen från spisen och rör ner lite limeskal. Låt detta stå åt sidan och svalna medan du arbetar på de andra delarna av sorbeten.

c) Ta fram din mixer och lägg i Açaí-bärmassan, blåbär och 2 matskedar limejuice. Tryck på "blanda"-knappen och puré den här blandningen tills den är fin och slät.

d) Tillsätt nu socker och limevatten i mixern och tryck på "blend" igen.

e) Nu när blandningen är perfekt blandad, öppna upp din glassmaskin och häll den i skålen. Låt den fräsa i cirka 30 minuter eller tills sorbeten tjocknat.

f) Överför sorbeten till en behållare och lägg den i frysen. Det bör ta minst 2 timmar innan det blir fast. Då kan du unna dig lite sorbet!

17. Tropiska Margarita Sorbet

INGREDIENSER:

- 1 kopp socker
- 1 dl passionsfruktpuré
- 1½ pund mogen mango, skalad, urkärnad och tärnad
- Rivet skal av 2 limefrukter
- 2 msk Blanco (vit) tequila
- 1 msk apelsinlikör
- 1 msk ljus majssirap
- ½ tsk kosher salt

INSTRUKTIONER:

a) Blanda socker och passionsfruktpuré i en liten kastrull.
b) Låt sjuda på medelvärme, rör om för att lösa upp
c) socker. Ta av från värmen och låt svalna.
d) I en mixer kombinerar du passionsfruktblandningen, tärnad mango, limeskal, tequila, apelsinlikör, majssirap och salt. Puré tills den är slät. Häll blandningen i en skål, täck över och kyl tills den är kall, minst 4 timmar eller upp till över natten.
e) Frys in och kärna i en glassmaskin enligt tillverkarens anvisningar. För en mjuk konsistens (bäst, enligt mig), servera sorbeten direkt; För en fastare konsistens, överför den till en behållare, täck över den och låt den stelna i frysen i 2 till 3 timmar.

18. Lychee Rose Sorbet

INGREDIENSER:

- 2 dl konserverad litchifrukt, avrunnen
- ½ kopp socker
- ¼ kopp vatten
- 2 msk rosenvatten
- Saft av 1 lime

INSTRUKTIONER:

a) I en mixer eller matberedare, kombinera litchifrukten, socker, vatten, rosenvatten och limejuice. Mixa tills det är slätt.

b) Häll blandningen i en glassmaskin och kärna enligt tillverkarens anvisningar.

c) När den har kärnats, överför sorbeten till en behållare med lock och frys den i några timmar för att stelna.

d) Servera litchirossorbeten i kylda skålar eller glas för en delikat och blommig efterrätt.

19. Papaya Lime Sorbet

INGREDIENSER:

- 2 koppar mogen papaya, skalad och tärnad
- ½ kopp socker
- ¼ kopp vatten
- Saften av 2 limefrukter
- Limeskal för garnering (valfritt)

INSTRUKTIONER:

a) I en mixer eller matberedare, kombinera tärnad papaya, socker, vatten och limejuice. Mixa tills det är slätt.

b) Häll blandningen i en glassmaskin och kärna enligt tillverkarens anvisningar.

c) När den har kärnats, överför sorbeten till en behållare med lock och frys den i några timmar för att stelna.

d) Servera papayalimesorbeten i kylda skålar eller glas.

e) Garnera med limeskal, om så önskas, för en uppfriskande och syrlig efterrätt.

20. Guava passionsfruktsorbet

INGREDIENSER:

- 2 koppar guavamassa (färsk eller fryst)
- ½ kopp passionsfruktmassa (färsk eller fryst)
- ½ kopp socker
- Saft av 1 lime

INSTRUKTIONER:

a) I en mixer eller matberedare, kombinera guavamassa, passionsfruktmassa, socker och limejuice. Mixa tills det är slätt.

b) Häll blandningen i en glassmaskin och kärna enligt tillverkarens anvisningar.

c) När den har kärnats, överför sorbeten till en behållare med lock och frys den i några timmar för att stelna.

d) Servera guava passionsfruktsorbet i kylda skålar eller glas för en söt och syrlig tropisk dessert.

FRUKT SORBETER

21. Stenfruktsorbet

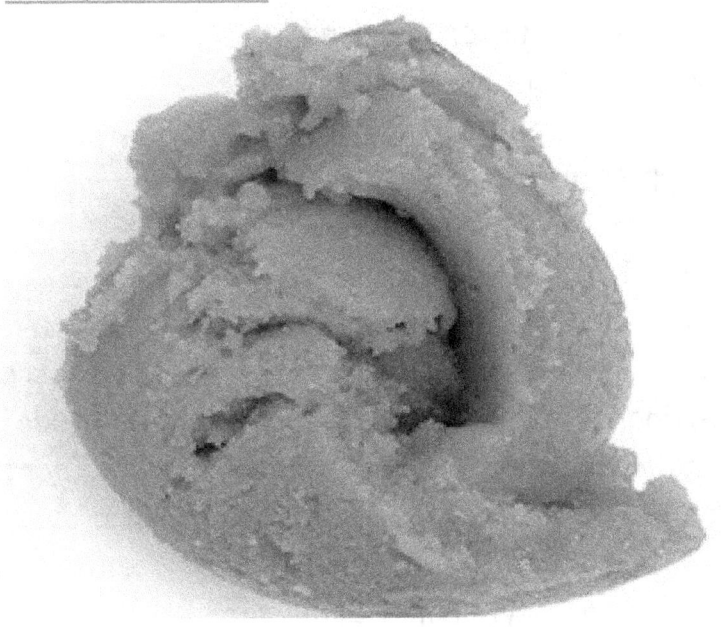

INGREDIENSER:

- 2 pund stenfrukter, urkärnade
- ⅔ kopp socker
- ⅓ kopp lätt majssirap
- ¼ kopp stenfruktvodka

INSTRUKTIONER:

a) Prep Purea frukten i en matberedare tills den är slät.

b) Koka Kombinera den mosade frukten, sockret och majssirapen i en 4-liters kastrull och låt sjuda under omrörning för att lösa upp sockret. Ta bort från värmen, överför till en medelstor skål och låt svalna.

c) Kyla Sila blandningen genom en sil i en annan skål. Ställ i kylen och kyl i minst 2 timmar.

d) Frys Ta bort sorbetbasen från kylen och rör ner vodkan. Ta bort den frysta burken från frysen, sätt ihop din glassmaskin och slå på den. Häll sorbetbasen i burken och snurra bara tills den är konsistensen av mycket mjukt vispad grädde.

e) Packa sorbeten i en förvaringsbehållare. Tryck ett ark pergament direkt mot ytan och förslut det med ett lufttätt lock. Frys in i den kallaste delen av frysen tills den är fast, minst 4 timmar.

22. Lady of the Lake

INGREDIENSER:
- ¼ kopp vodka eller gin
- 2 msk Sweet Cream Ice Cream
- 4-ounce skopa stenfruktsorbet
- 1 cocktailsvärd

INSTRUKTIONER:

a) Skaka vodka och glass i en shaker tills glassen precis har smält och blandat.
b) Lägg en skopa sorbet i ett kylt glas.
c) Häll vodkan runt om och servera.

23. Avokadosorbet

INGREDIENSER:

- 1 ½ koppar Sväng
- 4 koppar mandelmjölk, osötad
- 4 mogna avokado, skalade, urkärnade och hackade
- 2 teskedar mangoextrakt
- 1 tsk havssalt, fint
- 4 msk limejuice

INSTRUKTIONER:

a) Mixa alla ingredienser i en mixer tills de är helt jämna.

b) Fyll din glassmaskin halvvägs med blandningen och bearbeta enligt tillverkarens anvisningar.

24. Mangosorbet

INGREDIENSER:
- saft av 1 citron
- juice av ½ apelsin
- ½ kopp superfint socker
- 2 stora mogna mango
- 1 stor äggvita, vispad

INSTRUKTIONER:
a) Blanda fruktjuicerna med sockret. Skala och kärna ur mangon, reducera sedan fruktköttet till en puré i en mixer. Överför till en stor skål och rör ner fruktjuicen. Vänd ner den uppvispade äggvitan.
b) Häll i en glassmaskin och bearbeta enligt tillverkarens anvisningar, eller häll i en frysbehållare och frys in med hjälp av handmixningsmetoden .
c) När sorbeten är fast, frys in den i en frysbehållare i 15 minuter eller tills den ska serveras. Ta vid behov ut den från frysen i 5 till 10 minuter innan servering för att mjukna. Servera för sig eller med några mangoskivor och lite hallonsås .
d) Denna sorbet äts bäst färsk, men den kan frysas i upp till 1 månad.

25. Kryddig tamarindgodissorbet

INGREDIENSER:

- 2 uns tamarindskidor
- 1 dl vatten, plus mer om det behövs
- 1 kopp socker
- 1 tsk kosher salt
- 2 till 3 teskedar mald piquín eller árbol chile
- 3 uns mjukt tamarindgodis, rivet i bitar
- Chamoy (valfritt), att hälla på toppen

INSTRUKTIONER:

a) Dra av skalet på tamarindskidan och släng dem tillsammans med eventuella trådiga bitar. Lägg tamarindmassan och vattnet i en medelstor kastrull på medelvärme och låt koka upp. Sänk värmen och låt sjuda, rör om då och då, tills tamarinden är mjuk, cirka 30 minuter. Låt svalna.

b) Sila blandningen genom en finmaskig sil över en skål och spara både fruktköttet och vätskan. Mät upp vätskan, tillsätt mer vatten för att göra $3\frac{1}{2}$ koppar. Häll tillbaka vätskan i kastrullen, tillsätt sockret och koka under konstant omrörning tills sockret lösts upp.

c) Tryck ut tamarindmassan genom silen (med händerna blir det rörigt men det är det bästa sättet) och lägg i kastrullen. Rör ner saltet och 1 tsk chili, smaka av och tillsätt mer tills blandningen har tillräckligt med värme, tänk på att kryddigheten kommer att minska något när sorbeten är fryst. Täck över och kyl tills den är kall i minst 4 timmar eller upp till över natten.

d) Frys in och kärna i en glassmaskin enligt tillverkarens anvisningar. När det har delvis frusit, tillsätt godiset och fortsätt sedan bearbetningen tills det fryser.

Överför till en behållare, täck över och låt stelna i frysen i 2 till 3 timmar. Servera toppad med chamoy om så önskas.

26. Tranbärsäppelsorbet

INGREDIENSER:
- 2 gyllene läckra äpplen,
- Skalad,
- Kärna ur, och grovt hackad
- 2 koppar tranbärsjuice

INSTRUKTIONER:
e) Blanda äpplen och juice i en medelstor kastrull. Värm till kokning.
f) Sänk värmen för att sjuda, täck över och koka i 20 minuter eller tills äpplena är mycket mjuka.
g) Avtäck och ställ åt sidan för att svalna till rumstemperatur.
h) Mosa äpple och juice i en matberedare eller mixer tills det är slätt.
i) Häll i glassmaskinen och bearbeta till sorbet enligt tillverkarens anvisningar. (gå till 9.) ELLER 6. Om du inte använder en glassmaskin, häll purén i en 9" fyrkantig panna. Täck över och frys tills det är delvis fryst - cirka 2 timmar.
j) Under tiden kyler du en stor skål och visparna i en elektrisk mixer.
k) Placera purén i en kyld skål och vispa på låg hastighet tills bitarna bryts upp och vispa sedan på hög hastighet tills det är slätt och fluffigt - cirka 1 minut.
l) Packa sorbet i en frysbehållare och frys in flera timmar innan servering.

27. Vattenmelon sorbet

INGREDIENSER:

- 1 ½ pund vattenmelon, vägd utan frön eller skinn
- 1 ¼ koppar strösocker
- 2 kanelstänger
- 2 msk korianderfrön, krossade
- 3 matskedar citronsaft

INSTRUKTIONER:

a) Reducera vattenmelonköttet till en puré.

b) Lös upp socker i 2 dl vatten i en tjockbottnad kastrull. Tillsätt kanelstänger och korianderfrön och låt koka i 5 minuter. Täck över och låt dra tills det är kallt.

c) Sila ner sirapen i vattenmelonpurén och rör ner citronsaft. Häll blandningen i en behållare. Täck över och frys tills det är fast, vispa 3 gånger med 45-minuters intervall.

d) Ca 30 minuter före servering, för över sorbeten till kylen.

28. Kaktuspaddelsorbet med ananas och lime

INGREDIENSER:
- ¾ pund kaktuspaddlar (nopales), rengjorda
- 1½ dl grovt havssalt
- ¼ kopp färskpressad limejuice
- 1½ dl tärnad ananas (cirka ½ ananas)
- 1 kopp socker
- ¾ kopp vatten
- 2 matskedar honung

INSTRUKTIONER:

a) Skär de rengjorda kaktuspaddlarna i ungefär 1-tums rutor. I en skål, släng kaktusen med saltet.

b) Ställ åt sidan i rumstemperatur i 1 timme; saltet kommer att extrahera det naturliga slemmet från kaktusen.

c) Överför kaktusen till ett durkslag och skölj under kallt rinnande vatten för att ta bort allt salt och slem. Dränera väl.

d) I en mixer, puré kaktus, limejuice, ananas, socker, vatten och honung tills den är slät.

e) Häll blandningen i en skål, täck över och kyl tills den är kall, minst 2 timmar eller upp till 5 timmar.

f) Frys in och kärna i en glassmaskin enligt tillverkarens anvisningar.

g) För en mjuk konsistens, servera sorbeten direkt; För en fastare konsistens, överför den till en behållare, täck över den och låt den stelna i frysen i 2 till 3 timmar.

29. Avokado-passionsfruktsorbet

INGREDIENSER:

- 2 koppar färsk eller tinad fryst passionsfruktpuré
- $\frac{3}{4}$ kopp plus 2 matskedar socker
- 2 små mogna avokado
- $\frac{1}{2}$ tsk kosher salt
- 1 msk färskpressad limejuice

INSTRUKTIONER:

a) Kombinera passionsfruktpurén och sockret i en liten kastrull.
b) Koka på medelhög värme under omrörning tills sockret lösts upp.
c) Ta bort från värmen och låt svalna till rumstemperatur.
d) Skär avokadon på längden. Ta bort groparna och häll ner köttet i en mixer eller matberedare.
e) Tillsätt den kylda passionsfruktblandningen och saltet och bearbeta tills det är slätt, skrapa ner sidorna av mixerburken eller skålen efter behov.
f) Tillsätt limesaften och bearbeta bara tills den blandas. Häll blandningen i en skål, täck över och kyl tills den är kall, cirka 2 timmar.
g) Frys in och kärna i en glassmaskin enligt tillverkarens anvisningar.
h) För en mjuk konsistens, servera sorbeten direkt; för en fastare konsistens, överför den till en behållare, täck över den och låt stelna i frysen i 2 till 3 timmar.

30. Soursop sorbet

INGREDIENSER:

- 3 koppar färsk soursopmassa (från 1 stor eller 2 små frukter)
- 1 kopp socker
- ⅔ kopp vatten
- 1 msk färskpressad limejuice
- Nypa koshersalt

INSTRUKTIONER:

a) Skär soursopen på längden med en stor kniv. Använd en sked, ös upp köttet och fröna i en måttbägare; du behöver totalt 3 koppar. Kassera huden.

b) I en skål, kombinera soursop och socker och blanda med en träslev, bryt upp frukten så mycket som möjligt. Rör ner vattnet, limejuice och salt.

c) Täck över och kyl tills den är kall, minst 2 timmar, eller upp till över natten.

d) Frys in och kärna i en glassmaskin enligt tillverkarens anvisningar.

e) För en mjuk konsistens, servera sorbeten direkt; för en fastare konsistens, överför den till en behållare, täck över den och låt stelna i frysen i 2 till 3 timmar.

31. Färsk ananassorbet

INGREDIENSER:
- 1 liten mogen Hawaiiananas
- 1 kopp enkel sirap
- 2 matskedar färsk citronsaft

INSTRUKTIONER:
a) Skala, kärna ur och skär ananasen i tärningar.
b) Lägg tärningarna i en matberedare och bearbeta tills de är väldigt jämna och skummande.
c) Rör ner den enkla sirapen och citronsaften.
d) Smaka av och tillsätt mer sirap eller juice om det behövs.
e) Häll blandningen i glassmaskinens skål och frys in.
f) Följ tillverkarens bruksanvisning.

32. Sorbet av vit persika

INGREDIENSER:

- 5 mogna vita persikor
- 1 gelatinblad
- $\frac{1}{4}$ kopp glukos
- $\frac{1}{2}$ tsk kosher salt
- $\frac{1}{8}$ tesked citronsyra

INSTRUKTIONER:

a) Skär persikorna på mitten och kärna ur dem. Häll dem i en mixer och puré tills de är jämna och homogena, 1 till 3 minuter.
b) Passera purén genom en finmaskig sil i en medelstor skål.
c) Använd en slev eller sked för att trycka på skräpet av purén för att extrahera så mycket juice som möjligt; du bör bara slänga några skedar fast material.
d) Blomma gelatinet.
e) Värm lite av persikopurén och vispa i gelatinet så att det löser sig. Vispa i resterande persikopuré, glukos, salt och citronsyra tills allt är helt upplöst och införlivat.
f) Häll blandningen i din glassmaskin och frys in enligt tillverkarens anvisningar.
g) Sorbeten snurras bäst precis innan servering eller användning, men den håller sig i en lufttät behållare i frysen i upp till 2 veckor.

33. Päronsorbet

INGREDIENSER:

- 1 gelatinblad
- 2⅓ koppar päronpuré
- 2 matskedar glukos
- 1 msk fläderblomma
- ⅛ tesked koshersalt
- ⅛ tesked citronsyra

INSTRUKTIONER:

a) Blomma gelatinet.
b) Värm lite av päronpurén och vispa i gelatinet så att det löser sig. Vispa i den återstående päronpurén, glukos, fläderblom, salt och citronsyra tills allt är helt upplöst och inkorporerat.
c) Häll blandningen i din glassmaskin och frys in enligt tillverkarens anvisningar. Sorbeten snurras bäst precis innan servering eller användning, men den håller sig i en lufttät behållare i frysen i upp till 2 veckor.

34. Concord druvsorbet

INGREDIENSER:

- 1 gelatinblad
- ½ portion Concord druvjuice
- 200 g glukos [½ kopp]
- 2 g citronsyra [½ tesked]
- 1 g kosher salt [¼ tesked]

INSTRUKTIONER:

a) Blomma gelatinet.

b) Värm lite av druvsaften och vispa i gelatinet så att det löser sig. Vispa i resterande druvjuice, glukos, citronsyra och salt tills allt är helt upplöst och införlivat.

c) Häll blandningen i din glassmaskin och frys in enligt tillverkarens anvisningar. Sorbeten snurras bäst precis innan servering eller användning, men den håller sig i en lufttät behållare i frysen i upp till 2 veckor.

35. Deviled Mango Sorbet

INGREDIENSER:

- ⅓ kopp vatten
- 1 kopp socker
- 2 piquín chili
- 5¾ koppar pounds mogen mango, skalad, urkärnad och tärnad
- Saft av 1 lime
- ¾ tesked kosher salt
- 1 tsk mald piquín chile eller cayennepeppar

INSTRUKTIONER:

a) Blanda vattnet och sockret i en liten kastrull. Låt sjuda på medelvärme, rör om för att lösa upp sockret. Ta av från värmen, rör ner hela chilin och låt svalna i 1 timme.

b) Ta bort och släng chilin från sockerlagen. I en mixer, blanda sockersirap och tärnad mango och puré tills det är slätt. Tillsätt limejuice, salt och mald chili och blanda ihop.

c) Smaka av purén och, om så önskas, blanda i ytterligare malen chili, tänk på att när den väl fryses kommer sorbeten att smaka lite mindre kryddig.

d) Häll blandningen genom en finmaskig sil över en skål. Täck över och kyl tills den är kall, minst 4 timmar, eller upp till över natten.

e) Frys in och kärna i en glassmaskin enligt tillverkarens anvisningar.

f) För en mjuk konsistens, servera sorbeten direkt; För en fastare konsistens, överför den till en behållare, täck över den och låt den stelna i frysen i 2 till 3 timmar.

36. Aprikossorbet

INGREDIENSER:

- $\frac{3}{4}$ pund mycket mogna aprikoser skalade och urkärnade
- Saften av 1 stor citron
- $\frac{1}{2}$ kopp strösocker

INSTRUKTIONER:

a) Mosa aprikoserna i en skål. Tillsätt citronsaften och vispa i sockret med en trådvisp.

b) Häll i en behållare, täck över och frys tills den är fast, vispa 3 gånger med 45-minuters mellanrum.

c) Ca 30 minuter före servering, för över sorbeten till kylen.

37. Bing körsbärssorbet

INGREDIENSER:

- 2 burkar urkärnade mörka söta Bing-körsbär
- 4 matskedar färsk citronsaft
- Frys in en oöppnad burk körsbär tills den är fast, cirka 18 timmar.

INSTRUKTIONER:

a) Doppa burken i varmt vatten i 1 till 2 minuter.
b) Öppna och häll sirapen i en matberedarskål.
c) Lägg frukten på en skäryta och skär i bitar.
d) Lägg i skålen och puré tills den är slät.
e) Tillsätt citronsaft och bearbeta tills det blandas ordentligt.
f) Täck och frys tills den ska serveras, upp till 8 timmar.

38. Cantaloupe sorbet

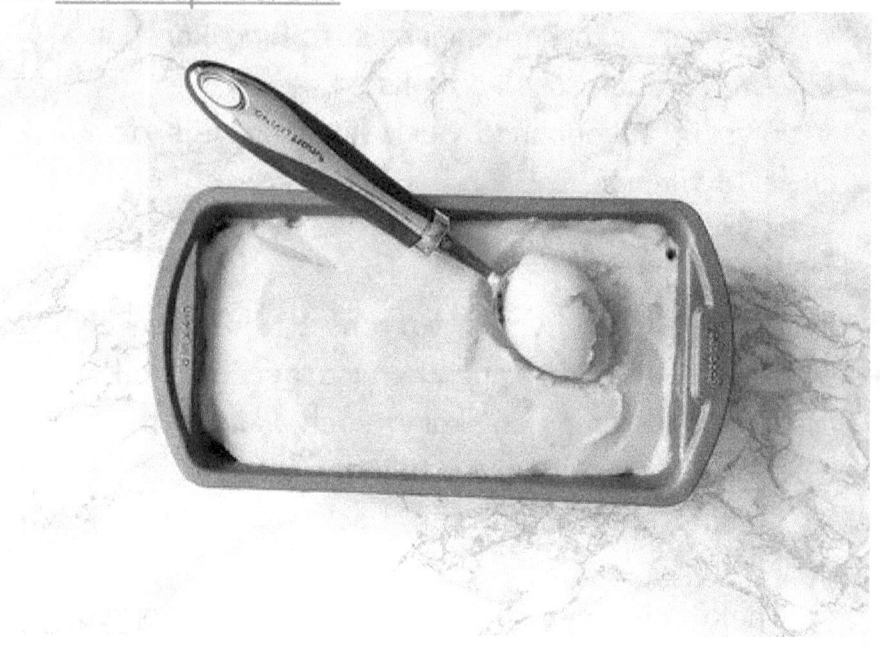

INGREDIENSER:
- 1 medelstor cantaloupe eller annan melon, kärnade
- 1 kopp enkel sirap (recept följer)
- 2 matskedar färsk citronsaft
- färska bär till garnering

INSTRUKTIONER:

a) Skär den mogna cantaloupen färsk i bitar och puré dem i en matberedare till cirka 3 koppar.

b) Rör ner sirapen och citronsaften. Smaka noga.

c) Om melonen inte är helt mogen kan du kanske tillsätta lite mer sirap.

d) Täck och frys in fruktpurén i istärningsbrickor [vi behövde 2,5 brickor värda].

e) När den är fryst, lägg flera kuber åt gången i en matberedare och puré tills den är slät.

f) Bearbeta så många kuber du vill och njut!

39. Körsbärssorbet

INGREDIENSER:

- Tre 16-ounce burkar med urkärnade Bing-körsbär i kraftig sirap
- 2 koppar enkel sirap
- $\frac{1}{4}$ kopp färsk citronsaft
- $\frac{1}{4}$ kopp vatten

INSTRUKTIONER:

a) Töm körsbären, spara 2 matskedar av sirapen. Lägg körsbären genom en matkvarn.

b) Rör ner körsbärssirap, enkel sirap, citronsaft och vatten.

c) Häll blandningen i glassmaskinens skål och frys in. Följ tillverkarens bruksanvisning.

40. Tranbärsjuicesorbet

INGREDIENSER:

- 3 koppar plus 6 matskedar tranbärsjuice på burk eller flaska
- ½ kopp plus 1 matsked enkel sirap

INSTRUKTIONER:

a) Blanda tranbärsjuice och enkel sirap.
b) Häll blandningen i glassmaskinens skål och frys in. Följ tillverkarens bruksanvisning.

41. Honungsdaggssorbet

INGREDIENSER:
- 1 stor mogen honungsmelon
- ½ kopp sockersirap
- 6 matskedar färsk limejuice
- 6 tunna limeskivor till garnering
- 6 kvistar färsk mynta till garnering

SIRAP:
- ½ kopp vatten
- 1 kopp socker

INSTRUKTIONER:
a) För sirap, blanda vatten och socker i en kastrull. Rör om på medelvärme tills sockret löst sig.
b) Öka värmen och låt koka upp. Koka utan omrörning i 5 minuter.
c) Kyl sirapen och täck sedan över och kyl tills det behövs.
d) Skala, kärna ur och hacka melonen. Puré i en matberedare (ca 4 koppar.) Blanda puré, sockersirap och limejuice i en skål.
e) Frys in i glassmaskinen enligt anvisningarna. Frys sedan in i frysen i 2-3 timmar för att stelna.
f) Garnera med limeskiva och mynta.

42. Marcel Desaulniers banansorbet

Ger 1 ¾ liter

INGREDIENSER:

- 2 koppar vatten
- 1 ½ koppar strösocker
- 3 pund bananer, oskalade
- 2 matskedar färsk citronsaft

INSTRUKTIONER:

a) Värm upp vatten och socker i en stor kastrull på medelhög värme.
b) Vispa för att lösa upp sockret. Koka upp blandningen och låt koka tills den tjocknat något och reducerat till 2 ¼ koppar, cirka 15 minuter.
c) Medan sockret och vattnet reduceras till en sirap, skalar du bananerna.
d) Krossa dem till en grov konsistens i en skål av rostfritt stål med en hålslev (utbytet bör vara cirka 3 koppar). Häll den kokande sirapen över de mosade bananerna.
e) Kyl i ett isvattenbad till en temperatur av 40 till 45°F, i cirka 15 minuter.
f) När den är kall, tillsätt citronsaften. Frys in i en glassfrys enligt tillverkarens anvisningar.
g) Överför den halvfrysta sorbeten till en plastbehållare, täck behållaren ordentligt och ställ den sedan i frysen i flera timmar innan servering.
h) Servera inom 3 dagar.

43. Persika, aprikos eller päronsorbet

INGREDIENSER:

- 2 (15-ounce) burkar persikahalvor, aprikoser eller päronhalvor i tjock sirap
- 1 msk päronsnaps eller amaretto (valfritt)

INSTRUKTIONER:

a) Frys in oöppnade burkar med frukt i 24 timmar.
b) Ta bort burkar från frysen; sänk dem i varmt vatten i 1 minut.
c) Öppna burkar; häll försiktigt eventuell smält sirap i mixer eller matberedare; ta bort frukt från burken; skär i bitar.
d) Lägg till mixern. Bearbeta tills den är slät.
e) Lägg till likör; bearbeta tills den kombineras. Överför till en behållare. Omslag; frys in tills den ska serveras.

44. Sorbet de Poire

INGREDIENSER:
- Konserverade eller färska päron
- Citron juice
- 1 ¾ koppar strösocker
- 1 kopp vatten
- 2 äggvitor

INSTRUKTIONER:
a) Blanda tillräckligt med konserverade eller färska päron, pocherade med saften av 1 citron i 10 minuter, för att göra 2 koppar puré.
b) Blanda socker och vatten och koka i 5 minuter. Blanda med puré och svalna helt.
c) Vispa äggvitan till den blir hård och vänd ner i päronblandningen tillsammans med saften av 1 citron (om det behövs mer citron).
d) Frys in i en mekanisk frysplåt, rör om vid behov.

45. Sockerfri äppelsorbet

INGREDIENSER:

- 3 koppar osötad äppeljuice
- En 6-ounce burk osötad koncentrerad äppeljuice
- 3 matskedar färsk citronsaft

INSTRUKTIONER:

a) Lägg äppeljuicekoncentratet och citronsaften i maskinens skål och frys in.

CITRUS SORBETER

46. Grapefruktsorbet

INGREDIENSER:

- 4 grapefrukter
- 3 matskedar färsk citronsaft
- ½ kopp lätt majssirap
- ⅔ kopp socker
- Valfria aromater: Några kvistar dragon, basilika eller lavendel; eller ½ halv vaniljstång delad; frön borttagna
- ¼ kopp vodka

INSTRUKTIONER:

a) Förbered med en skalare, ta bort 3 remsor av skalet från 1 grapefrukt. Skär alla grapefrukter på mitten och pressa 3 koppar juice från dem.

b) Koka Kombinera grapefruktjuice, skal, citronsaft, majssirap och socker i en 4-liters kastrull och låt koka upp, rör om för att lösa upp sockret. Överför till en medelstor skål, tillsätt aromaterna, om du använder, och låt svalna.

c) Kyla Ta bort grapefruktskalet. Ställ sorbetbasen i kylen och kyl i minst 2 timmar.

d) Frys Ta bort sorbetbasen från kylen och sila bort eventuella aromater. Tillsätt vodkan. Ta bort den frysta burken från frysen, sätt ihop din glassmaskin och slå på den. Häll sorbetbasen i burken och snurra bara tills den är konsistensen av mycket mjukt vispad grädde.

e) Packa sorbeten i en förvaringsbehållare. Tryck ett ark pergament direkt mot ytan och förslut det med ett lufttätt lock. Frys in i den kallaste delen av frysen tills den är fast, minst 4 timmar.

47. Yuzu Citrus Sorbet

INGREDIENSER:

- 1 citron
- 1 yuzu citrus
- 6 matskedar socker
- Skal från ¼ yuzu citrus
- 250 ml vatten

INSTRUKTIONER:

a) Skär citronen och yuzu-citrusen på mitten och juice båda.

b) I en gryta, kombinera citronsaft, yuzu-citrusjuice och socker och värm upp.

c) Tillsätt 150 ml vatten och rör om för att lösa upp sockret.

d) Överför blandningen från grytan till en behållare och tillsätt sedan 100 ml vatten för att kyla den.

e) När svalnat, ställ in i frysen i cirka 3 timmar för att stelna.

f) När blandningen har frusit och stelnat, överför till en matberedare och bearbeta.

g) Överför blandningen till en behållare och ställ i frysen igen i cirka 1 timme, ta sedan bort, rör om kort och överför till serveringsfat.

h) Toppa med rivet yuzu-citrusskal och servera.

48. Oaxacan limesorbet

INGREDIENSER:
- 12 nyckellimefrukter, tvättade och torkade
- 1 kopp socker
- $3\frac{3}{4}$ koppar vatten
- 1 msk ljus majssirap
- Nypa koshersalt

INSTRUKTIONER:

a) Riv skalet från limefrukterna, ta bort så mycket av det gröna skalet som möjligt och undvik den vita kärnan.

b) Blanda skalet och sockret i en mixer eller matberedare och mixa 4 eller 5 gånger för att extrahera de naturliga oljorna.

c) Överför sockerblandningen till en skål, tillsätt vatten, majssirap och salt och vispa tills sockret löst sig.

d) Täck över och kyl tills den är kall, minst 2 timmar men inte mer än 4 timmar.

e) Frys in och kärna i en glassmaskin enligt tillverkarens anvisningar.

f) För en mjuk konsistens, servera sorbeten direkt; För en fastare konsistens, överför den till en behållare, täck över den och låt den stelna i frysen i 2 till 3 timmar.

49. Uppfriskande limesorbet

INGREDIENSER:
- 6 ovaxade mörkgröna saftiga limefrukter
- 1 till 1 ¼ koppar superfint socker
- 1 kopp vatten
- lime- eller myntablad, till garnering

INSTRUKTIONER:
a) Riv skalet av 2 limefrukter fint i en skål och tillsätt sedan saften av alla limefrukter.
b) Tillsätt sockret och vattnet i skålen och låt stå i 1 till 2 timmar på en sval plats, rör om då och då, tills sockret har löst sig.
c) Häll blandningen i en glassmaskin och bearbeta enligt tillverkarens anvisningar, eller handmixa.
d) När den är fast, frys in den i en frysbehållare i 15 minuter eller upp till flera timmar innan servering. Om du fryser den längre, ta ut den ur frysen 10 minuter innan servering för att mjukna. Denna sorbet kan frysas i upp till 3 veckor, men den äts bäst så snart som möjligt.
e) Detta recept kommer att fylla 10 limeskal. För att servera på det här sättet tar du prydligt bort den översta tredjedelen av limefrukterna och pressar ur saften i en skål med en brotsch eller handjuicer, var noga med att inte dela skalen.
f) Skopa ur och kassera resterande fruktkött. Häll sorbeten i skalen och frys in till servering.
g) Lägg till ett lime- eller myntablad för att garnera varje fyllt limeskal.

50. Citronsorbet

INGREDIENSER:
- 2 stora saftiga ovaxade citroner, tvättade
- $\frac{1}{2}$ kopp superfint socker
- 1 $\frac{1}{2}$ dl kokande vatten

INSTRUKTIONER:

a) Riv skalet av citronerna fint i en skål. Pressa citronsaften (minst $\frac{3}{4}$ kopp) i skålen och tillsätt socker och vatten. Rör om väl och låt stå i 1 till 2 timmar på en sval plats, rör om då och då, tills sockret har löst sig. Kyla.

b) Häll blandningen i en glassmaskin och bearbeta enligt tillverkarens anvisningar, eller häll den i en frysbehållare och frys in enligt handblandningsmetoden
.

c) När sorbeten är fast, frys den i en frysbehållare i 15 till 20 minuter eller tills den ska serveras. Om det behövs, överför den till kylen 10 minuter innan servering för att mjukna.

d) Denna sorbet blir inte bra om den är fryst längre än 2 till 3 veckor.

51. Grapefrukt och Gin Sorbet

INGREDIENSER:

- 5½ uns strösocker
- 18 uns grapefruktjuice
- 4 matskedar gin

INSTRUKTIONER:

a) Häll sockret i en kastrull och tillsätt 300 ml/½ pint vatten. Värm försiktigt under omrörning tills sockret har lösts upp. Öka värmen och koka snabbt i cirka 5 minuter tills blandningen ser sirapslik ut. Ta av från värmen och låt svalna.

b) Rör ner grapefruktjuicen i sirapen.

c) Täck över och ställ i kylen i cirka 30 minuter eller tills den är väl kyld. Rör ner ginen.

d) Häll blandningen i glassmaskinen och frys in enligt anvisningarna.

e) Överför till en lämplig behållare och frys tills det behövs.

52. Melon- och limesorbet

INGREDIENSER:
- 1 stor melon
- 150 g/5½ ounce strösocker
- 2 små limefrukter

INSTRUKTIONER:

a) Skär melonen på mitten och gröp ur och kassera fröna. Skopa ur köttet och väg - du behöver cirka 1 pund
b) Häll melonköttet i en matberedare eller mixer; tillsätt sockret och puré tills det är slätt.
c) Halvera limefrukterna och pressa ur saften. Tillsätt limesaften i melonblandningen och puré kort.
d) Överför till en kanna, täck över och ställ i kylen i cirka 30 minuter eller tills den är väl kyld.
e) Häll blandningen i glassmaskinen och frys in enligt anvisningarna.
f) Överför till en lämplig behållare eller i fyra formar och frys tills det behövs.

53. Citron- och chutneysorbet

INGREDIENSER:
- En 17-ounce burk chutney
- 1 kopp varmt vatten
- 1 msk färsk citronsaft

INSTRUKTIONER:

a) Lägg chutneyn i en matberedare och bearbeta enheten smidigt. Med maskinen igång, fattig på det varma vattnet, sedan citronsaften.
b) Häll blandningen i glassmaskinens skål och frys in.
c) Följ tillverkarens bruksanvisning. 15 till 20 minuter.

54. Rosa lemonad och oreosorbet

INGREDIENSER:

- 2 burkar Jordgubbar i sirap
- 2 tsk rosa lemonad
- 1 tsk vanilj essens
- 3 koppar färska jordgubbar i fjärdedelar
- 2 tsk socker
- 2 msk balsamvinäger
- 4 Oreos, smulad

INSTRUKTIONER:

a) Lägg de konserverade jordgubbarna, den rosa lemonaden och vaniljessensen i en mixer och mixa tills de är slät, cirka 1 minut.
b) Överför blandningen till en glassmaskin.
c) Bearbeta enligt tillverkarens anvisningar.
d) Lägg de färska jordgubbarna i en medelstor skål.
e) Strö över socker och blanda dem ordentligt.
f) Tillsätt balsamvinägern och rör om försiktigt. Låt stå i 15 minuter, rör om då och då.
g) Ös jordgubbssorbeten i skålar. Fördela den färska jordgubbsblandningen över sorbeten.
h) Strö Oreos över jordgubbarna och servera.

55. Rubin grapefruktsorbet

INGREDIENSER:
- 2 mogna rubinröda eller rosa grapefrukter
- 1 kopp sockersirap
- 4 msk hallon- eller tranbärsjuice

INSTRUKTIONER:
a) Skär grapefrukterna på mitten. Pressa ur all juice (ta hand om skalen om du vill servera sorbeten i dem) och blanda med sirapen och juicen.
b) Ta försiktigt bort och kassera resterande fruktkött i skalen.
c) Häll blandningen i en glassmaskin och bearbeta enligt tillverkarens anvisningar, eller häll den i en frysbehållare och frys in med hjälp av handmixningsmetoden.
d) När sorbeten är fast, häll den i grapefruktskalen (om den används) eller en frysbehållare och frys i 15 minuter eller tills den ska serveras. Ta eventuellt ut den ur frysen 5 minuter innan servering för att mjukna. Skär grapefrukthalvorna i klyftor för att servera.
e) Denna sorbet äts bäst så snart som möjligt, men den kan frysas i upp till 3 veckor.

56. Mandarin orange sorbet

INGREDIENSER:

- Fem 11-ounce burkar med mandarin apelsiner packade i lätt sirap
- 1 kopp superfint socker
- 3 matskedar färsk citronsaft

INSTRUKTIONER:

a) Häll av apelsinerna och spara 2 koppar av sirapen. Mosa apelsinerna i en matberedare. Rör i den reserverade sirapen, citronsaften och sockret.

b) Häll blandningen i glassmaskinens skål och frys in. Följ tillverkarens bruksanvisning.

57. Krämig kärnmjölk-citronsorbet

INGREDIENSER:
- 2 koppar fettsnål kärnmjölk
- 1 kopp socker
- Skal av 1 citron
- ¼ kopp färsk citronsaft

INSTRUKTIONER:

a) I en stor bunke, rör ihop alla ingredienser tills sockret är helt upplöst.

b) Täck över och kyl blandningen i cirka 4 timmar, tills den är väldigt kall.

c) Överför blandningen till en glassmaskin och frys in enligt tillverkarens anvisningar.

d) Överför sorbeten till en fryssäker behållare och frys i minst 4 timmar innan servering.

58. Citruspepparsorbet

INGREDIENSER:

- 3 Yellow Wax Hot paprika, stjälkar och frön borttagna, hackade
- 1 ¾ koppar vatten
- 1 ¼ koppar socker
- 3 apelsiner, skalade med segment borttagna från membranet
- 2 msk mörk rom
- 4 matskedar färsk citron- eller limejuice
- 3 matskedar lätt majssirap

INSTRUKTIONER:

a) Blanda 1 ¼ dl vatten med sockret i en kastrull. Värm tills sockret löst sig. Koka upp, ta bort från värmen och kyl till rumstemperatur. Kyl i 2 timmar.

b) Purea de återstående ingredienserna med ½ kopp vatten. Kyl i 2 timmar.

c) Rör ner sockerblandningen i frukten och frys in enligt anvisningarna.

59. Kokos Lime Sorbet

INGREDIENSER:

- 1 (15-ounce) burk grädde kokos
- $\frac{3}{4}$ kopp vatten
- $\frac{1}{2}$ kopp färsk limejuice
- Valfritt: $\frac{1}{2}$ kopp hackade maraschinokörsbär
- Garnering: Färsk ananas, körsbär, mangoskivor, banan

INSTRUKTIONER:

a) I en skål, vispa ihop ingredienserna.

b) Om du lägger till körsbär, gör det nu.

c) Frys in blandningen i en glassmaskin, enligt tillverkarens anvisningar.

d) Överför sorbeten till en lufttät behållare och lägg den i frysen för att stelna.

e) Överför till serveringsskålar och garnera med färsk frukt.

60. Lime sorbet

Ger 4 till 6 portioner

INGREDIENSER:

- 3 koppar vatten
- 1 ¼ koppar strösocker
- ¾ kopp lätt majssirap
- 2/3 kopp färsk limejuice (4 stora eller 6 medelstora limefrukter)
- Limeklyftor till garnering (valfritt)

INSTRUKTIONER:

a) Blanda vatten med socker och majssirap i en tjock kastrull. Rör om på hög värme för att lösa upp sockret.
b) Koka upp. Sänk värmen till måttlig temperatur och låt koka i 5 minuter utan att röra om.
c) Ta bort från värmen och låt svalna i rumstemperatur.
d) Rör ner limejuice. Häll i en metallblandarskål och ställ i frysen tills den är fast. Ställ visparna i frysen för att kyla.
e) Ta bort limeblandningen från frysen. Bryt upp den med en träslev. Vispa på låg hastighet tills den är fri från klumpar.
f) Återgå till frysen tills den stelnar igen. Vispa om med kylda vispar
g) Sorbeten håller sig i frysen i en jämn konsistens i veckor. Citronsaft kan ersätta limejuice och grön matfärg kan tillsättas.
h) Den klara, rena looken på limesorbeten utan att färga med en garnering av limeklyftor är vacker.

61. Honungs citronsorbet

INGREDIENSER:

- ½ kopp varmt vatten
- 2/3 kopp honung
- 1 msk rivet citronskal
- 1 kopp färsk citronsaft
- 2 koppar kallt vatten

INSTRUKTIONER:

a) Häll det heta vattnet, honungen och skalet i skålen. Rör om tills honungen löser sig. Rör ner citronsaft och kallt vatten.

b) Häll blandningen i glassmaskinens skål och frys in. Följ tillverkarens bruksanvisning

Ört- & BLOMMSORBETER

62. Moringa & blåbärssorbet

INGREDIENSER:

- 1 tsk Moringapulver
- 1 dl frysta blåbär
- 1 fryst banan
- $\frac{1}{4}$ kopp kokosmjölk

INSTRUKTIONER:

a) Tillsätt alla ingredienser i en mixer eller matberedare och mixa till en slät smet.

b) Tillsätt mer vätska om det behövs.

63. Äppel- och myntasorbet

Ca 4-6 portioner

INGREDIENSER:

- 100g/3½ uns gyllene strösocker
- 5 stora kvistar mynta
- 425 ml/¾ pint äppeljuice

INSTRUKTIONER:

a) Häll sockret i en kastrull och tillsätt myntkvistarna och 300 ml/½ pint vatten. Värm försiktigt under omrörning tills sockret har lösts upp.
b) Öka värmen och koka snabbt i cirka 5 minuter tills blandningen ser sirapslik ut.
c) Ta av från värmen och rör ner äppeljuice.
d) Täck över och ställ i kylen i minst 30 minuter eller tills den är väl kyld.
e) Sila av blandningen för att ta bort myntan.
f) Häll i glassmaskinen och frys in enligt anvisningarna.
g) Överför till en lämplig behållare och frys tills det behövs.

64. Konstant kommentar Sorbet

INGREDIENSER:
- 1 kopp konstant kommentar teblad
- 2 dl kallt vatten
- Fyra 1x3 tums remsor av apelsinskal
- 2 koppar enkel sirap
- 2 dl apelsinjuice

INSTRUKTIONER:

a) Lägg teblad, vatten och apelsinskal i en skål. Blanda tills tebladen är tillräckligt blötlagda för att stanna under vatten.

b) Ställ in i kylen över natten.

c) Häll blandningen genom en sil, tryck på tebladen för att få upp all vätska. Du kommer att ha ungefär ⅓ kopp starkt te. Kassera tebladen och apelsinskalet.

d) Kombinera teet med enkel sirap och apelsinjuice. Lägg i maskinens skål och frys i 12 till 15 minuter.

65. Korianderinfunderad avokadolimesorbet

INGREDIENSER:

- 2 avokado (borttagen grop och hud)
- ¼ kopp Erytritol, pulveriserat
- 2 medelstora limefrukter, saftade och skalade
- 1 dl kokosmjölk
- ¼ teskedar Flytande Stevia
- ¼ - ½ kopp koriander, hackad

INSTRUKTIONER:

a) Koka upp kokosmjölken i en kastrull. Tillsätt limeskalet.
b) Låt blandningen svalna och frys sedan in.
c) Kombinera avokado, koriander och limejuice i en matberedare. Pulsera tills blandningen har en tjock konsistens.
d) Häll kokosmjölksblandningen och flytande stevia över avokadon. Pulsera samman blandningen tills den når lämplig konsistens. Det tar ungefär 2-3 minuter att utföra denna uppgift.
e) Återgå till frysen för att tina eller servera direkt!

66. Grönt te sorbet

INGREDIENSER:
- $\frac{3}{4}$ kopp socker
- 3 koppar varmt bryggt grönt te

INSTRUKTIONER:

a) Lös upp socker i te och ställ i kylen tills det är väl kylt.

b) Frys in i en glassfrys enligt tillverkarens anvisningar.

67. Earl Grey te Sorbet

INGREDIENSER:

- 1 liten ovaxad citron
- 6 uns gyllene strösocker
- 2 tepåsar

INSTRUKTIONER:

a) Skala skalet tunt från citronen.
b) Häll sockret i en kastrull med 600 ml (1 pint) vatten och värm försiktigt tills sockret har löst sig.
c) Tillsätt citronskalet i sockerblandningen och låt koka i 5-10 minuter tills det blir lätt sirap.
d) Häll 150 ml ($\frac{1}{4}$ pint) kokande vatten över tepåsarna och låt dra i 5 minuter.
e) Ta bort tepåsarna (pressa ur spriten) och kassera dem.
f) Tillsätt teluten i sockerlösningen och låt svalna.
g) Täck över och ställ i kylen i 30 minuter eller tills den är väl kyld.
h) Sila ner i glassmaskinen och frys in enligt anvisning.
i) Överför till en behållare, täck över och förvara i frysen. Det kommer förmodligen att behöva omröras efter ungefär de första 45 minuterna av frysning.

68. Jasmin te sorbet

INGREDIENSER:

- 1 ¼ koppar jasminte, kylt
- ¼ kopp sockersirap, kyld
- 1 till 2 teskedar citronsaft
- 1 medelstor äggvita

INSTRUKTIONER:

a) Blanda te, sockersirap och citronsaft. Häll i en glassmaskin och bearbeta enligt tillverkarens anvisningar, eller häll i en frysbehållare och frys in med hjälp av handmixningsmetoden. Kärna tills det är slaskigt.

b) Vispa äggvitan tills mjuka toppar bildas och vänd sedan ner den i sorbeten. Fortsätt kärna och frysa tills det blir fast. Frys i 15 minuter före servering eller tills det behövs.

c) Denna sorbet har en mycket delikat smak och äts bäst inom 24 timmar. Servera med krispiga mandelkakor eller tuiles.

69. Ananas-ört sorbet

INGREDIENSER:

- 1 liten ananas, urkärnad, skalad och skuren i bitar
- 1 kopp socker
- 1 kopp vatten
- Saft av 1 lime
- $\frac{1}{2}$ tsk kosher salt
- 2 msk hackad ört, såsom mynta, basilika eller rosmarin

INSTRUKTIONER:

a) Mosa ananasbitarna, socker, vatten, limejuice och salt i en mixer eller matberedare tills de är slät.
b) Tillsätt örten och pulsera tills örten bryts ner till gröna fläckar.
c) Häll blandningen i en skål, täck över och ställ i kylen tills den är kall, minst 3 timmar eller upp till över natten.
d) Vispa basen försiktigt för att kombineras igen. Frys in och kärna i en glassmaskin enligt tillverkarens anvisningar.
e) För en mjuk konsistens, servera sorbeten direkt; För en fastare konsistens, överför den till en behållare, täck över den och låt den stelna i frysen i 2 till 3 timmar.

70. Lavendel sorbet

INGREDIENSER:

- 2 koppar vatten
- 1 kopp socker
- 2 msk torkade lavendelblommor
- 1 msk citronsaft

INSTRUKTIONER:

a) Blanda vattnet och sockret i en kastrull. Värm på medelvärme tills sockret löst sig helt.
b) Ta bort från värmen och tillsätt de torkade lavendelblommorna. Låt dra i 10-15 minuter.
c) Sila av blandningen för att ta bort lavendelblommorna.
d) Rör ner citronsaften.
e) Häll blandningen i en glassmaskin och kärna enligt tillverkarens anvisningar.
f) När den har kärnats, överför sorbeten till en behållare med lock och frys den i några timmar för att stelna.
g) Servera lavendelsorbeten i kylda skålar eller glas för en väldoftande och lugnande efterrätt.

71. Rose Sorbet

INGREDIENSER:

- 2 koppar vatten
- 1 kopp socker
- ¼ kopp torkade rosenblad
- 2 msk citronsaft
- 1 msk rosenvatten (valfritt)

INSTRUKTIONER:

a) Blanda vattnet och sockret i en kastrull. Värm på medelvärme tills sockret löst sig helt.

b) Ta bort från värmen och tillsätt de torkade rosenbladen. Låt dra i 10-15 minuter.

c) Sila av blandningen för att ta bort rosenbladen.

d) Rör ner citronsaft och rosenvatten (om du använder).

e) Häll blandningen i en glassmaskin och kärna enligt tillverkarens anvisningar.

f) När den har kärnats, överför sorbeten till en behållare med lock och frys den i några timmar för att stelna.

g) Servera rossorbeten i kylda skålar eller glas för en delikat och blommig efterrätt.

72. Hibiskus sorbet

INGREDIENSER:

- 2 koppar vatten
- 1 kopp socker
- $\frac{1}{4}$ kopp torkade hibiskusblommor
- 2 msk citronsaft

INSTRUKTIONER:

a) Blanda vattnet och sockret i en kastrull. Värm på medelvärme tills sockret löst sig helt.
b) Ta bort från värmen och tillsätt de torkade hibiskusblommorna. Låt dra i 10-15 minuter.
c) Sila blandningen för att ta bort hibiskusblommorna.
d) Rör ner citronsaften.
e) Häll blandningen i en glassmaskin och kärna enligt tillverkarens anvisningar.
f) När den har kärnats, överför sorbeten till en behållare med lock och frys den i några timmar för att stelna.
g) Servera hibiskussorbeten i kylda skålar eller glas för en livlig och syrlig efterrätt.

73. Flädersorbet

INGREDIENSER:

- 2 koppar vatten
- 1 kopp socker
- ¼ kopp fläderblomma
- 2 msk citronsaft

INSTRUKTIONER:

a) Blanda vattnet och sockret i en kastrull. Värm på medelvärme tills sockret löst sig helt.
b) Ta av från värmen och rör ner fläderblomshjärtan och citronsaft.
c) Låt blandningen svalna till rumstemperatur.
d) Häll blandningen i en glassmaskin och kärna enligt tillverkarens anvisningar.
e) När den har kärnats, överför sorbeten till en behållare med lock och frys den i några timmar för att stelna.
f) Servera fläderblomssorbeten i kylda skålar eller glas för en delikat och blommig efterrätt.

NÖTSORBETER

74. Almond Sorbet

INGREDIENSER:

- 1 kopp Blancherade mandlar; rostat
- 2 koppar Källvatten
- ¾ kopp Socker
- 1 nypa Kanel
- 6 matskedar Ljus majssirap
- 2 matskedar Amaretto
- 1 tesked Citronskal

INSTRUKTIONER:

a) Mal mandeln till ett pulver i en matberedare. Blanda vatten, socker, majssirap, sprit, zest och kanel i en stor kastrull och tillsätt sedan de malda nötterna.

b) På medelhög värme, rör hela tiden tills sockret löst sig och blandningen kokar. 2 minuter vid kokning

c) Ställ åt sidan för att svalna. Använd en glassmaskin, kärna blandningen tills den är halvfryst.

d) Om du inte har en glassmaskin, överför blandningen till en skål av rostfritt stål och frys tills den är hård, rör om varannan timme.

75. Sorbet med riskakor och röda bönpasta

INGREDIENSER:
FÖR SORBETEN
- 2 msk kondenserad mjölk, sötad
- 1 dl mjölk

ATT TJÄNA
- 3 bitar klibbiga riskakor, belagda med rostat sojabönpulver, skurna i ¾ tums tärningar
- 4 tsk naturliga mandelflingor
- 2 msk mini mochi riskakor
- 2 skopor sötad röd bönpasta
- 4 teskedar flerkornspulver

INSTRUKTIONER:
a) Blanda den kondenserade mjölken och mjölken i en kopp med en läpp för att hälla upp.
b) Lägg blandningen i en isbricka och frys tills den blir isblock, cirka 5 timmar.
c) När de har stelnat, ta bort och lägg dem i en mixer och mixa tills de är jämna.
d) Lägg alla ingredienser i en serveringsskål som har svalnat.
e) Lägg 3 matskedar sorbet i basen, pudra sedan med 1 tsk flerkornspulver.
f) Tillsätt sedan ytterligare 3 matskedar av sorbeten, följt av mer spannmålspulver.
g) Lägg nu på toppen, riskakorna och bönpasta.
h) Pudra över mandel och servera.

76. Pistaschsorbet

INGREDIENSER:

- 1 dl skalade pistagenötter
- ½ kopp socker
- 2 koppar vatten
- 1 msk citronsaft

INSTRUKTIONER:

a) Mal pistagenötterna till ett fint pulver i en mixer eller matberedare.
b) Blanda de malda pistagenötterna, socker, vatten och citronsaft i en kastrull. Låt blandningen sjuda på medelvärme, rör om tills sockret löst sig.
c) Ta bort från värmen och låt blandningen svalna till rumstemperatur.
d) Sila blandningen genom en finmaskig sil för att ta bort eventuellt fast material.
e) Häll den silade blandningen i en glassmaskin och kärna enligt tillverkarens anvisningar.
f) När den har kärnats, överför sorbeten till en behållare med lock och frys den i några timmar för att stelna.
g) Servera pistagesorbeten i kylda skålar eller glas för en härlig och nötig efterrätt.

77. Hasselnötschokladsorbet

INGREDIENSER:
- 1 dl hasselnötsmjölk
- $\frac{1}{2}$ kopp socker
- $\frac{1}{4}$ kopp kakaopulver
- $\frac{1}{2}$ tesked vaniljextrakt
- Nypa salt

INSTRUKTIONER:

a) I en kastrull, vispa ihop hasselnötsmjölk, socker, kakaopulver, vaniljextrakt och salt. Värm på medelvärme tills blandningen är väl blandad och sockret är upplöst.

b) Ta bort från värmen och låt blandningen svalna till rumstemperatur.

c) Överför blandningen till en glassmaskin och kör enligt tillverkarens anvisningar.

d) När den har kärnats, överför sorbeten till en behållare med lock och frys den i några timmar för att stelna.

e) Servera hasselnötschokladsorbeten i kylda skålar eller glas för en rik och välsmakande efterrätt.

78. Cashew Kokossorbet

INGREDIENSER:
- 1 dl cashewmjölk
- ½ kopp kokosmjölk
- ½ kopp socker
- ½ tesked vaniljextrakt
- Bär, till garnering

INSTRUKTIONER:
a) Vispa ihop cashewmjölk, kokosmjölk, socker och vaniljextrakt i en kastrull. Värm på medelvärme tills blandningen är väl blandad och sockret är upplöst.
b) Ta bort från värmen och låt blandningen svalna till rumstemperatur.
c) Överför blandningen till en glassmaskin och kör enligt tillverkarens anvisningar.
d) När den har kärnats, överför sorbeten till en behållare med lock och frys den i några timmar för att stelna.
e) Servera cashew-kokossorbeten i kylda skålar eller glas för en krämig och tropisk efterrätt.
f) Toppa med bär.

79. Valnötslönnsorbet

INGREDIENSER:

- 1 dl valnötsmjölk
- ½ kopp lönnsirap
- ¼ kopp socker
- ½ tesked vaniljextrakt

INSTRUKTIONER:

a) I en kastrull, vispa ihop valnötsmjölk, lönnsirap, socker och vaniljextrakt. Värm på medelvärme tills blandningen är väl blandad och sockret är upplöst.

b) Ta bort från värmen och låt blandningen svalna till rumstemperatur.

c) Överför blandningen till en glassmaskin och kör enligt tillverkarens anvisningar.

d) När den har kärnats, överför sorbeten till en behållare med lock och frys den i några timmar för att stelna.

e) Servera valnötslönnsorbeten i kylda skålar eller glas för en nötig och naturligt söt dessert.

ALKOHOLSORBETER

80. Bellini Sorbet

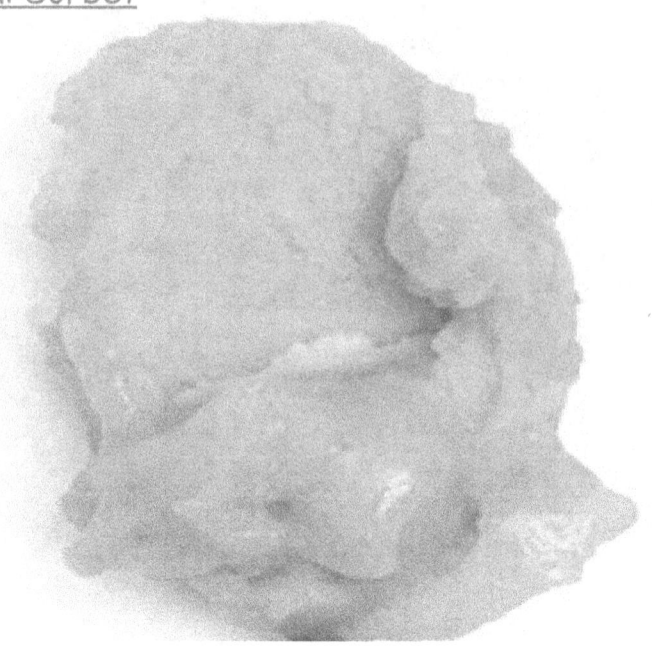

INGREDIENSER:

- 4 mogna persikor, skalade, urkärnade och mosade i en matberedare
- ⅔ kopp socker
- ¼ kopp lätt majssirap
- ⅔ kopp vit Bourgogne
- 3 matskedar färsk citronsaft

INSTRUKTIONER:

a) Koka Kombinera de purerade persikorna, sockret, majssirapen, vinet och citronsaften i en medelstor kastrull och låt koka upp under omrörning tills sockret lösts upp. Överför till en medelstor skål och låt svalna.

b) Kyla Ställ sorbetbasen i kylen och kyl i minst 2 timmar.

c) Frys Ta bort den frysta burken från frysen, sätt ihop din glassmaskin och slå på den. Häll sorbetbasen i burken och snurra bara tills den är konsistensen av mycket mjukt vispad grädde.

d) Packa sorbeten i en förvaringsbehållare. Tryck ett ark pergament direkt mot ytan och förslut det med ett lufttätt lock. Frys in i den kallaste delen av frysen tills den är fast, minst 4 timmar.

81. Jordgubbs-champagnesorbet

INGREDIENSER:
- 4 koppar färska jordgubbar, tvättade och skalade
- 1 ½ dl champagne eller prosecco
- ⅓ kopp strösocker

INSTRUKTIONER:

a) Tillsätt alla ingredienser i en mixer och mixa tills det är slätt.

b) Överför blandningen till en glassmaskin och kärna enligt tillverkarens instruktioner.

c) Ät omedelbart eller överför till en fryssäker behållare för att kyla tills den stelnar.

82. Applejack Sorbet en Casis

INGREDIENSER:

- 2 ¾ koppar kallt vatten
- 1 (1-tum) kanelstång
- 1 ½ koppar strösocker
- Nypa salt
- ¼ kopp äppeljacka
- 4 matskedar citronsaft
- 1 msk rivet apelsinskal

INSTRUKTIONER:

a) Blanda kallt vatten, kanel, socker, salt och äppeljacka i en kastrull.

b) Rör om tills sockret är upplöst. Låt koka upp och koka i 5 minuter utan att röra om.

c) Sila av vätskan i en kastrull eller en stor skål och svalna lite.

d) Rör ner den silade citronsaften och rivet apelsinskal i blandningen.

e) Kyl ordentligt och kyl innan du fryser.

83. Hibiscus-Sangria sorbet

INGREDIENSER:

- 2 dl rött vin
- 1 kopp vatten
- 1½ dl torkade hibiskusblommor
- 2 msk ljus majssirap
- 1 kopp socker
- Rivet skal och saft av 1 liten apelsin
- 1 liten persika
- 1 lite syrligt äpple
- ½ kopp röda druvor
- ½ kopp jordgubbar

INSTRUKTIONER:

a) I en kastrull, kombinera vin, vatten, hibiskus, majssirap och ¾ kopp socker. Låt sjuda på medelhög värme och koka i 5 minuter, rör om så att sockret löses upp.
b) Ta av från värmen, rör ner apelsinskal och juice och låt svalna till rumstemperatur.
c) Häll blandningen genom en finmaskig sil över en skål. Täck över och kyl tills den är kall, minst 3 timmar, eller upp till över natten.
d) Ca 15 minuter innan du är redo att frysa in sorbeten, gröp ur och finhacka persikan. Kärna ur och tärna äpplet fint. Skär druvorna på mitten.
e) Skala och finhacka jordgubbarna. Kombinera all frukt i en skål, tillsätt den återstående ¼ koppen socker och blanda ihop. Avsätta.
f) Frys in och kärna hibiskusblandningen i en glassmaskin enligt tillverkarens anvisningar.

g) När sorbeten har kört färdigt, häll av fruktblandningen i en finmaskig sil och blanda sedan ner frukten i sorbeten.

h) Överför till en behållare, täck över och låt stelna i frysen i 2 till 3 timmar.

84. Champagne cocktailsorbet

INGREDIENSER:
- 1 ½ dl vatten, kylt
- ½ kopp grapefruktjuice
- 1 kopp superfint socker
- 1 ½ dl champagne eller mousserande torrt vitt vin, kylt
- 1 medelstor äggvita

INSTRUKTIONER:

a) Blanda vattnet, grapefruktjuice och socker. Kyl tills sockret har löst sig. Rör ner champagnen eller det mousserande vinet.

b) Häll i en glassmaskin och bearbeta enligt tillverkarens anvisningar, eller i en frysbehållare och frys in med hjälp av handmixningsmetoden . Kärna tills det blir slaskigt.

c) Vispa äggvitan tills den bildar mjuka toppar. Tillsätt den i skålen med sorbet medan du kärnar, eller vik ner den i blandningen i frysbehållaren. Fortsätt tills det är fast. Frys i minst 20 minuter för att stelna innan servering. Servera sorbeten direkt från frysen, för den smälter väldigt snabbt.

d) Frys in glasen kort före servering, med en droppe konjak, Cassis eller Fraise i botten.

e) Förvara den inte längre än några dagar.

85. Sorbeternas regnbåge

INGREDIENSER:

- 1 (16-ounce) burk skivade eller halverade päron i tjock sirap
- 2 msk Poire William likör
- 1 (16-ounce) burk skivade eller halverade persikor i kraftig sirap
- 2 matskedar bourbon
- 1 (20 uns) burk krossad ananas i kraftig sirap
- 3 matskedar mörk rom
- 2 msk konserverad kokosgrädde
- 1 (16-ounce) burk aprikoshalvor i kraftig sirap
- 2 matskedar amaretto
- 1 (17-ounce) burk plommon i kraftig sirap
- 4 matskedar creme de cassis
- ¼ tesked kanel

INSTRUKTIONER:

a) Frys in en oöppnad burk frukt tills den fryser fast, minst 18 timmar.

b) Doppa den oöppnade burken i varmt vatten i 1 till 2 minuter.

c) Öppna burken och häll sirapen i matberedarskålen. Ta bort den andra änden av burken och vänd ut frukten på skärytan.

d) Skär i 1-tums skivor, skär sedan i bitar och lägg till processorskålen. Bearbeta, pulserande på och av, tills den är slät. Tillsätt resterande ingredienser och bearbeta bara för att blanda ordentligt.

e) Servera omedelbart eller häll i skålen, täck över och frys tills den ska serveras, upp till 8 timmar.

86. Lime Daiquiri Sorbet

INGREDIENSER:

- 2 ½ koppar färsk limejuice (10 till 12 stora limefrukter)
- Rivet skal av 3 limefrukter
- 1 ⅓ koppar strösocker
- 1 kopp rom
- ½ kopp vatten

INSTRUKTIONER:

a) Bearbeta alla ingredienser i en mixer eller matberedare utrustad med ett metallblad.

b) Frys in i en glassmaskin, följ tillverkarens anvisningar.

87. Calvados sorbet

INGREDIENSER:

- 1 ¾ koppar plus 2 matskedar Calvados
- 3 matskedar enkel sirap

INSTRUKTIONER:

a) Värm 1 ½ dl Calvados i en kastrull på medelvärme tills den är varm.

b) Stäng av värmen, stå tillbaka och rör en tänd tändsticka mot Calvados.

c) Låt det brinna tills lågorna slocknar, ca 8 minuter. Rör ner de återstående 6 matskedar.

d) Calvados och den enkla sirapen

e) Häll blandningen i glassmaskinens skål och frys in. Följ tillverkarens bruksanvisning. 30 minuter.

GRÖNSAKSSORBET

88. Betor Borsjtj sorbet

INGREDIENSER:

- 1 pund rödbetor
- 5 dl vatten
- 2 ½ teskedar vit vinäger
- 2 matskedar färsk citronsaft
- ¾ tsk citronsyra (sursalt) kristaller ½ till ¾ kopp socker
- 2 ¼ tsk salter Gräddfil Hackad dill

INSTRUKTIONER:

a) Tvätta och skrubba rödbetorna väl. Klipp bort alla utom 1 tum av stjälkarna.
b) Lägg rödbetorna i en gryta med vattnet. Sätt på hög värme och låt koka upp.
c) Täck pannan, sänk värmen till en låg koka och koka i 20 till 40 minuter, eller tills rödbetorna kan bitas med ett spett.
d) Ställ åt sidan för att svalna något.
e) Sila rödbetorna genom en finmaskig sil i en kastrull. Reservera betorna för annan användning.
f) Mät vätskan och tillsätt tillräckligt med vatten för att göra 4 koppar. Medan vätskan fortfarande är varm, tillsätt vinäger, citronsaft, citronsyra, socker och salt. Rör om för att lösas upp.
g) Smaka av och korrigera eventuellt krydda. Effekten ska vara söt och sur.
h) Kyl borschen ordentligt. Häll i maskinens skål och frys in.
i) Garnera med en klick gräddfil och ett stänk färsk dill.

89. Tomat- och basilikasorbet

INGREDIENSER:

- 5 färska mogna tomater
- ½ kopp färsk citronsaft
- 1 tsk salt
- ½ kopp enkel sirap
- 1 msk tomatpuré
- 6 färska basilikablad, grovt hackade

INSTRUKTIONER:

a) Skala, kärna ur och kärna tomaterna.
b) Puré dem i en matberedare du ska ha ca 3 dl mos.
c) Rör ner resterande ingredienser
d) Häll blandningen i glassmaskinens skål och frys in.
e) Följ tillverkarens bruksanvisning.

90. Gurka-Lime Sorbet Med Serrano Chile

INGREDIENSER:
- 2 koppar vatten
- 1 kopp socker
- 2 msk ljus majssirap
- 2 serrano eller jalapeño chili, skakade och kärnade
- 1 tsk kosher salt
- 2 pund gurka, skalade, kärnade och skär i stora bitar
- ⅔ kopp färskpressad limejuice

INSTRUKTIONER:
a) I en liten kastrull, kombinera 1 kopp av vattnet och sockret. Låt sjuda på medelvärme, rör om för att lösa upp sockret. Ta av från värmen, rör ner majssirapen och låt svalna.

b) I en mixer, kombinera återstående 1 kopp vatten, chili och salt och puré tills det inte finns några synliga bitar. Häll blandningen genom en finmaskig sil över en skål.

c) Häll tillbaka det silade chilivattnet till mixern, tillsätt gurkorna och mixa tills det är slätt.

d) Häll blandningen genom den finmaskiga silen som ställs över skålen. Rör ner limesaften och sockerlagen. Täck över och kyl tills den är kall, minst 4 timmar eller upp till 8 timmar.

e) Frys in och kärna i en glassmaskin enligt tillverkarens anvisningar. För en mjuk konsistens, servera sorbeten direkt; För en fastare konsistens, överför den till en behållare, täck över den och låt den stelna i frysen i 2 till 3 timmar.

91. Red Bean Paste Sorbet

INGREDIENSER:
- En burk på 18 uns sötad röd bönpasta
- 1 kopp vatten
- 1 ½ dl enkel sirap

INSTRUKTIONER:
a) Häll bönpasta och vatten i en matberedare och puré tills det är slätt. Rör ner den enkla sirapen.
b) Häll blandningen i glassmaskinens skål och frys in. Följ tillverkarens bruksanvisning.

92. Majs- och kakaosorbet

INGREDIENSER:

- ½ kopp masa harina
- 2½ dl vatten, plus mer efter behov
- 1 kopp socker
- ½ kopp osötat kakaopulver enligt holländsk process
- Nypa koshersalt
- ¾ tesked mald mexikansk kanel
- 5 uns bittersöt eller halvsöt choklad, finhackad

INSTRUKTIONER:

a) I en skål, kombinera masa harina med ½ kopp vatten.
b) Blanda med händerna tills du har en enhetlig deg. Om det känns lite torrt, blanda i ytterligare ett par matskedar vatten och ställ åt sidan.
c) I en stor kastrull, vispa ihop de återstående 2 kopparna vatten och socker, kakaopulver och salt. Koka upp på medelvärme, vispa hela tiden för att smälta sockret.
d) Tillsätt masablandningen, koka upp och koka under konstant vispning tills blandningen är väl blandad och det inte finns några klumpar, cirka 3 minuter. Vispa i kanel och choklad, tills chokladen smält. Överför basen till en skål, täck över och ställ i kylen tills den är kall, cirka 2 timmar.
e) Vispa basen för att kombineras igen. Frys in och kärna i en glassmaskin enligt tillverkarens anvisningar. För en mjuk konsistens, servera sorbeten direkt; För en fastare konsistens, överför den till en behållare, täck över den och frys den i högst 1 timme innan servering.

93. Gurka Mint Sorbet

INGREDIENSER:
- 2 stora gurkor
- ½ kopp färska myntablad
- ¼ kopp socker
- 2 msk limejuice
- Nypa salt

INSTRUKTIONER:
a) Skala och tärna gurkorna.
b) I en mixer eller matberedare, kombinera tärnad gurka, myntablad, socker, limejuice och salt. Mixa tills det är slätt.
c) Sila blandningen genom en finmaskig sil för att ta bort eventuellt fast material.
d) Häll den silade blandningen i en glassmaskin och kärna enligt tillverkarens anvisningar.
e) När den har kärnats, överför sorbeten till en behållare med lock och frys den i några timmar för att stelna.
f) Servera gurkmyntsorbeten i kylda skålar eller glas som en uppfriskande och svalkande njutning.

94. Rostad röd paprikasorbet

INGREDIENSER:

- 2 stora röda paprikor
- ¼ kopp socker
- 2 msk citronsaft
- Nypa salt
- En skvätt cayennepeppar (valfritt för en kryddig kick)

INSTRUKTIONER:

a) Värm ugnen till 400°F (200°C).
b) Skär den röda paprikan på mitten och ta bort kärnor och hinnor.
c) Lägg paprikahalvorna på en plåt med snittsidan nedåt.
d) Rosta paprikan i ugnen i 25-30 minuter eller tills skalet är förkolnat och blåsigt.
e) Ta ut paprikorna från ugnen och låt dem svalna. När den är tillräckligt kall för att hantera, dra bort huden.
f) I en mixer eller matberedare, kombinera rostad röd paprika, socker, citronsaft, salt och cayennepeppar (om du använder). Mixa tills det är slätt.
g) Sila blandningen genom en finmaskig sil för att ta bort eventuellt fast material.
h) Häll den silade blandningen i en glassmaskin och kärna enligt tillverkarens anvisningar.
i) När den har kärnats, överför sorbeten till en behållare med lock och frys den i några timmar för att stelna.
j) Servera den rostade rödpepparsorbeten i kylda skålar eller glas som en unik och smakrik aptitretare eller dessert.

95. Betor och apelsinsorbet

INGREDIENSER:

- 2 medelstora rödbetor, kokta och skalade
- Skal och saft av 2 apelsiner
- ¼ kopp socker
- 2 msk citronsaft
- Nypa salt

INSTRUKTIONER:

a) Skär de kokta och skalade rödbetorna i bitar.

b) I en mixer eller matberedare, kombinera rödbetsbitarna, apelsinskal, apelsinjuice, socker, citronsaft och salt. Mixa tills det är slätt.

c) Sila blandningen genom en finmaskig sil för att ta bort eventuellt fast material.

d) Häll den silade blandningen i en glassmaskin och kärna enligt tillverkarens anvisningar.

e) När den har kärnats, överför sorbeten till en behållare med lock och frys den i några timmar för att stelna.

f) Servera rödbetor och apelsinsorbet i kylda skålar eller glas för en livlig och syrlig efterrätt.

SOPPASORBETER

96. Gazpacho sorbet

INGREDIENSER:
- 2 ½ koppar kyld Gazpacho
- 2 matskedar färsk citronsaft
- 1 tsk salt
- 1 kopp vatten
- 1 kopp tomatjuice
- ¼ tesked Tabasco
- 4 malningar färsk svartpeppar

INSTRUKTIONER:
a) Blanda alla ingredienser, anpassa kryddorna efter smak.
b) Sila av blandningen och spara grönsaksbitarna.
c) Häll vätskan i maskinens skål och efter frysning i 10 minuter, rör i den reserverade grönsaken och frys tills den är fast.

97. Kycklingsoppa och dillsorbet

INGREDIENSER:
- 1 liter rik hemgjord kycklingfond
- 2 matskedar tätt packade, finhackad färsk dill
- 2 till 4 matskedar färsk citronsaft
- Salta och nymalen peppar efter smak

INSTRUKTIONER:
a) Lägg alla ingredienser i glassmaskinens skål och frys in.

98. Morot ingefära sorbet

INGREDIENSER:

- 4 stora morötter
- 1-tums bit färsk ingefära, skalad
- $\frac{1}{2}$ kopp socker
- $\frac{1}{4}$ kopp vatten
- 2 msk citronsaft

INSTRUKTIONER:

a) Skala och skär morötterna i små bitar.

b) Blanda de hackade morötterna, färsk ingefära, socker, vatten och citronsaft i en mixer eller matberedare. Mixa tills det är slätt.

c) Sila blandningen genom en finmaskig sil för att ta bort eventuellt fast material.

d) Häll den silade blandningen i en glassmaskin och kärna enligt tillverkarens anvisningar.

e) När den har kärnats, överför sorbeten till en behållare med lock och frys den i några timmar för att stelna.

f) Servera morotsingfärssorbeten i kylda skålar eller glas för en livlig och pigg smakrengöring.

99. Svamp Consommé Sorbet

INGREDIENSER:

- 8 uns cremini eller knappsvamp, hackad
- 4 dl grönsaksbuljong
- 2 vitloksklyftor, hackade
- 2 msk sojasås
- 1 msk citronsaft
- 1 tsk socker
- $\frac{1}{2}$ tsk salt
- $\frac{1}{4}$ tesked svartpeppar

INSTRUKTIONER:

a) Kombinera svampen, grönsaksbuljongen, hackad vitlök, sojasås, citronsaft, socker, salt och svartpeppar i en kastrull. Koka upp blandningen på medelvärme.

b) Sänk värmen och låt blandningen sjuda i cirka 20 minuter, låt smakerna tränga in.

c) Ta bort från värmen och låt blandningen svalna till rumstemperatur.

d) Sila blandningen genom en finmaskig sil för att avlägsna eventuella fasta partiklar och säkerställa en jämn konsommé.

e) Häll den silade consomméen i en glassmaskin och kärna enligt tillverkarens anvisningar.

f) När den har kärnats, överför sorbeten till en behållare med lock och frys den i några timmar för att stelna.

g) Servera svampen consommé-sorbet i kylda skålar eller glas som en välsmakande och uppfriskande aptitretare eller smakrengöring.

100. Vattenmelon Gurka Sorbet

INGREDIENSER:

- 4 koppar vattenmelon, kärnade och tärnade
- 1 gurka, skalad och tärnad
- ¼ kopp socker
- 2 msk limejuice
- Myntablad för garnering (valfritt)

INSTRUKTIONER:

a) I en mixer eller matberedare, kombinera vattenmelonkuberna, tärnad gurka, socker och limejuice. Mixa tills det är slätt.

b) Sila blandningen genom en finmaskig sil för att ta bort eventuellt fast material.

c) Häll den silade blandningen i en glassmaskin och kärna enligt tillverkarens anvisningar.

d) När den har kärnats, överför sorbeten till en behållare med lock och frys den i några timmar för att stelna.

e) Servera vattenmelongurksorbeten i kylda skålar eller glas. Garnera med färska myntablad om så önskas, för en extra friskhet.

SLUTSATS

Vi hoppas att du har njutit av att utforska sorbetvärlden genom "Simply Sorbet: UPPFRISKANDE RECEPT PÅ FRYSTA GLÄDJER." Vi designade den här kokboken för att inspirera din kreativitet och uppmuntra dig att experimentera med smaker, texturer och presentationer för att skapa sorbeter som verkligen gläder sinnena. Från klassiska fruktkombinationer till unika och exotiska vändningar, recepten som delas i denna kokbok erbjuder en mängd olika alternativ för varje smak. Oavsett om du föredrar syrligheten hos citrus, sötman hos bär eller subtiliteten hos örter och kryddor, har sorbet oändliga möjligheter. Så ta tag i din glassmaskin, samla dina favoritingredienser och låt fantasin flöda medan du fortsätter att utforska världen av hemgjorda sorbeter. Må varje fryst skopa ge dig glädje, förfriskning och en touch av sötma i ditt liv. Skål för många läckra frysta äventyr!

www.ingramcontent.com/pod-product-compliance
Lightning Source LLC
Chambersburg PA
CBHW071856110526
44591CB00011B/1437